덜 영근 복숭아 맛 함께 나눕니다.
따듯한 마음 담아 드립니다.

저자 **변예랑** 드림

빨강을 입다

시산맥 시혼시인선 050

빨강을 입다

시산맥 시혼 050

초판 1쇄 인쇄 | 2025년 3월 28일
초판 1쇄 발행 | 2025년 4월 5일

지은이 변예랑
펴낸이 문정영
펴낸곳 시산맥사
편집주간 김필영
편집위원 최연수 박민서
등록번호 제300-2013-12호
등록일자 2009년 4월 15일
주소 03131 서울특별시 종로구 율곡로 6길 36. 월드오피스텔 1102호
전화 02-764-8722, 010-8894-8722
전자우편 poemmtss@naver.com
시산맥카페 http://cafe.daum.net/poemmtss

ISBN 979-11-6243-562-5 03810 (종이책)
ISBN 979-11-6243-563-2 05810 (전자책)

값 12,000원

* 이 책은 전부 또는 일부 내용을 재사용하려면 반드시 저작권자와 시산맥사의 동의를 받아야 합니다.
* 이 책은 교보문고와 연계하여 전자북으로 발간되었습니다.
* 본문 페이지에서 한 연이 첫 번째 행에서 시작될 때에는 〈 표기를 합니다.
* 저자의 의도에 따라 작품의 보조 동사와 합성 명사는 띄어쓰기가 달라질 수 있습니다.

빨강을 입다

변예랑 시집

| 시인의 말 |

학창 시절 어느 교수님 질문
나중에 오랜 후에
시골에서 혼자 조용히 살고 싶은지
도시 사람들 속에 살고 싶은지
나는 도시 사람을 택했다
그들 틈에 살면서 묵혀두었던
나의 이야기, 그들의 이야기를 조심스레
꺼내 본다

봄이 이야기 속으로 걸어오고 있다

2025년 3월, 변예랑

■ 차 례

1부

계절의 바깥	19
연애의 습성	20
점에서 점으로 달리기	21
두 개의 얼굴	22
한밤의 프라이팬	24
사각 나누기	25
침대의 넋두리	26
은유가 살던 집	28
키	30
래그랜느	32
엄마를 삼키다	34
분	36
잠 밖을 걷다	38

2부

벚나무 서사 43
사과가 어둠에 빠지면 44
형용사 다음에 동사 46
낯선 말들의 불법 체류기 48
드라이락 50
커버링Covering 52
만장 54
초록을 버리다 56
활 같은 여자 57
잠이 들지 않습니다 58
그녀의 실루엣 60
춤 61
임의 동행, 그 후 62

3부

처음 연애	67
우아함에 대하여	68
살구, 빛나다	69
방치하는 즐거움	70
빨강을 입다	72
흔한 것들의 일기예보	74
스윙	75
그믐달과 파도	76
세 번째 행성	78
손이 손을 잡는 습관	79
서해	80
노란 구역	81
함께, 라는 부사	82

4부

시간이 빠져나간 식탁	87
몽돌	88
라떼의 계절	89
간절기	90
완전한 믿음	92
기차, 풍경 속에 들다	94
자전의 법칙	95
무릎의 온도는 낮아야 해요	96
그녀의 탈출기	98
사이비 교주	100
어떤 알바	102
나는 집이 되지 못했습니다	103
남들처럼	104

해설 | 박남희(시인·문학평론가)   107

1부

계절의 바깥

기둥목이 잠이 깬 빛에 곁을 내준다

온몸이 귀이지만 어떤 말에도 홀리지 않는다

질문이 이끄는 방향으로 귀를 내민다

여기는 회전하는 바람의 광폭을 가르는 계절의 바깥

바닥을 잡고 놓지 않으면 오래오래 죽어 갈 거야

잠잠히 자신을 풀어놓은 어둠 앞에서

당신은 언제나 밝지만 발설의 온도는 낮다

떠도는 새들이 흘린 밀어가 귓불에 닿아 해독된다

누구라도 기댈 수 있는 등을 가졌어도

어쩌다 무게 중심이 기우는 날이 있다

연애의 습성

익숙하지 않은 문장이 끊어진 걸까

웃는 눈동자에서 몇 장의 꽃잎이 떨어진다

반짝이는 돌들이 구사하는 연애의 낱말들은

궁금함이 사라지면 떠나기 마련이지

봄에서 겨울 쪽으로 거꾸로 기우는 날씨는

그와의 거리를 조금씩 늘려나간다

소유는 당기는 버릇이 있지

힘껏 당기지 않아도 따라오는 표정들

햇살에 뜨거워진 줄이 둘 사이에서 출렁,

식탁에서 그와 함께 걸었던 숲을 먹는 습성으로

팽팽하게 느긋하게

말랑해진 돌들의 낱말들을 읽는다

점에서 점으로 달리기

점이 가진 무수한 질문을 상상해 봐

아기가 처음 찍은 점은
엄마의 가슴일까, 엄마의 눈동자일까

투명한 것들은 눈에서 빛나지
마음에 들인 점은 마카롱처럼 달콤하지
점에서 번지는 색은 분홍, 노랑, 하늘색 그리고 당신

당신이 점으로 매달려 있는
허공 속 저 나무는 눈물에서 시작되었을 거야

나의 불안들은 어디에서 흐려졌을까
눈으로, 손으로, 발로 흘려보냈던 결핍의 흔적들
그 질문 밖에서 당신은 지워지고 있을까

어느 날 불현듯 내게 들어와 박히는 고백도 있지
속성으로 자라 아귀처럼 내 심정을 아작아작 씹기도 하지

우리는 점에서 다른 점을 향해 달려가기 위해
서로의 질문을 비밀이라 부르기도 했지

두 개의 얼굴

방황의 시작은 물속일까 몸속일까

어항 속 물고기를 볼 때마다 엄마가 생각난다
반항과 방황을 거듭하는 날 바라보던 그녀는
걱정을 맹물처럼 들이켜고도 태연해했다

방황에도 다짐이 필요할까
어떤 방황도 다 해치울 수 있을 것 같은 때가 있었다
소용돌이치는 바람 속에서 수시로 연습한 덕분에
여름 한철 종횡무진 마음껏 허덕일 수 있었다

머리를 감싸 쥐고 흔드는 일은 가치가 있다
자책은 나를 아름답게 펄럭이게 하는 기회를 준다
기억의 벽은 수포가 터진 여백을 안고 지낸다
최적화된 방황은 무의식에 불규칙한 흉터를 그리는 것

나에게서 눈을 떼면 엄마가 보인다
한 개의 얼굴은 자궁 속에
또 하나의 얼굴은 묽은 잠 추방하려는 내 몸속에 둔다
〈

나는 자궁 밖에서 헤엄치는 열등한 물고기
이미 끝났다고 발음해도 다시 흔들리는 동공
방황할 시간이 모자랐을 때는 아주 잠깐뿐이었다

한밤의 프라이팬

동그란 얼굴이 납작해진다

납작해지면 술 취한 저녁 하늘과 만날 수 있을까
바닥을 이해한 이들은 이유 없이 서로 친해지지

눈 맞은 납작 눈들이 포개져서 면면의 밤이 길어지지

얼굴을 흔들면 무성음의 파도가 일고
딱딱한 결이 부서지고 나면 무엇이 될까 궁금해

치켜뜬 흰자위에는 떨림이 존재하지 않지
노란 귀 열고 수국의 보라로 들어가면 어때

꽃잎들이 두들기는 향기에 귀 빠뜨리고 흥얼흥얼
친절하게 다가가고 싶지만 보여줄 이목이 없어

빠르게 진행되는 타원의 죽음 앞에서
납작해진 가슴이
보라와의 후생을 향해 몸속 노란 물기 걷는다

사각 나누기

저녁의 아랫목에 가지런히 누웠어

발가락이 자주 싸늘해져
네 개의 발을 덮으려면 넓이를 키워야 해

납작하게 누워서
납작한 말 하면서 잠드는 밤

뾰족한 말이 재미있어서 가볍게 시작했지
옥타브가 높아지면서 황소 같은 뿔이 생겼지

두 개의 혀로 만든 수천 개의 뿔, 뿔, 뿔
작열했던 들숨이 날숨에 겨우 곁을 내주고

우리는 사각이 가진 해법을 찾아야 해

뿔과 사각 사이에서
처음처럼 다시 납작해지고 싶어

새벽에 사방에서 파란 귀가 생겨나고 있어

침대의 넋두리

안락함을 즐긴다기에
거추장스러운 몸집이라도
사뿐히 받아낼 수 있도록 낮 동안 연습했지
하루에 한 번은 머리끝에서 발끝까지 탈탈 털리고도
기다리는 시간이 되면 설렘이 인다네

엉덩이가 크거나 발잔등이 부은 낯선 이가 와도
어디에서 온 누구냐고 물어보면 안 되는 거라네
그들이 품고 온 고독의 무게만큼 덜어내는 것이
내게 주어진 일이라서

때로는 알코올 냄새에 고뿔을 매달고
목덜미 헐렁해져 찾아오는 이들
이목耳目으로는 해석되지 않는 뜨거운 구비口鼻에
현기증이 날 때도 많지만
방조와 방관의 죄를 묻지 않아 얼마나 다행인가

언젠가 낯빛 바랜 사내가 찾아왔었지
밤이슬에 젖은 몸뚱이를 내게 툭 던져놓고는
사면으로 돌려가며 밤새 슬픔을 찍어 발랐지

한 줌의 알약을 털어 넣고서야 긴 잠이 든 그는
아침을 탕진한 한낮이 되어서야
누운 채로 방을 나갔지

그가 누운 마지막 흔적을 찾아 사람들이 다녀가고
한 무리의 방역진이 나를 다녀갔지만
등에 배인 그의 슬픔은 아직도 지워지지 않고 있다네

은유가 살던 집

집은 그녀를 키웠을까 말을 키웠을까

그녀는 곁에 구르던 낱말들로 말짓기를 시작했다

완전한 초록을 입는다며 바닥으로만 흐르던

그녀의 앙상한 눈빛에 중독된 나는

착한 슬픔을 폐기하느라 가끔 몸살을 앓았다

참 많은 질문을 토해 놓아도 매번 몰입되던 그녀

귀가 커지고 기력이 자랐다

소소한 믿음이 생겼다

오래된 불안을 씻는 염려가 아주 떠났다

그녀가 느끼지 못한 저녁이 부어오르고 있었다

후생에 대해 언급한 적 없었는데
〈

그녀의 입이 골목의 어둠 속으로 미끄러져 들어갔다

내 귀에서 꽃피던 문장들도 따라 들어갔다

그녀의 아름다운 말에 가닿을 수 없는 입술

말들이 떠나버린 적막한 집을 나는 떠나기로 한다

키

땋아진 길을 가듯 울컥거리며

너에게로 간다

네게 닿으려 하면 쇳소리가 들려

달이 해를 밀고 들어가듯

동그라미 위에 동그라미가 보이더니

동그라미 밑으로 사각이 자라고 있었어

동그라미 품은 사각

마카롱 같은 호감 채워 넣을 때만 해도 몰랐지

집착만으로 네 마음 쉽게 열리지 않는다는 것

더 차가워진 넌 어느 깊이에서 날 기다릴까

캄캄한 이 길 밝히려면
〈

손가락 끝 온도 빨갛게 높이고 수만 개의 렌즈 품을까

세밀한 곡선, 나의 지문이 너의 감성에 맞닿는 순간

기어이 너의 쇠 가슴 활짝 열릴까

너의 파란을 응시하는 나의 홍채가 차갑게 빛나고 있어

래그랜느*

천사들이 트레킹을 즐겨요

왜 날개가 없을까요

천사들은 출근을 좋아해요

쿠키와 빵을 구워요

한 개를 얻으려고 천 개를 버려서 행복해요

울고불고 코 빠트리다 웃음보를 뚫어요

내일을 먹고 자꾸 먹어도 하나로 엮이지 않아요

깊고 어두운 내면에서 말없음표로 있을 때가 많죠

말귀가 터지는 천사는 짝꿍을 찾아요

머릿속으로 길을 내기가 어렵거든요

판도라의 상자가 쏟아진 그들의 정원에서
〈

과녁이 필요하지만 달그락거리는 기분을 접어요

상자 속에 남은 단어를 꺼내면 날개가 생기겠죠

래그랜느에서 쿠키와 빵이 익어요

천사들은 쿠키와 빵처럼 알맞게 부풀어서

나무들이 뱉어낸 초록을 너풀너풀 삼켜요

* 수제 쿠키 생산 전문 자폐성 장애인보호작업장.

엄마를 삼키다

엄마, 를 쓰고 싶은 오후 바람이 꽃대를 흔든다

꽃물처럼 때마다 다르게 고여 들던 얼굴, 아빠의 성화가 들끓어도 하고픈 말 돌돌 말아 찬장에 밀어 넣고 문 항상 닫아 두셨다

윗입술이 두터워서 미소가 번질 때면 눈이 더 작아 보이고 평소 음가가 낮은 말만 하므로 귀를 믿기보다는 시각의 밀도를 높여야 그녀를 들을 수 있었다

아버지가 지상에서 종적을 감춘 두 번째 봄, 엄마의 완경은 아직이었는데, 밤을 허비하며 쪽찐머리 풀어 빗질해도 머리카락은 한 올도 떨어져 나가지 않았다

감꽃이 필 무렵 집 안이 온통 덜컹거려 어지러웠는데, 이웃집 남자가 밤중에 담을 넘어 다녀갔다고도 하고, 누렁소 뒷산 향해 긴 울음 우는 이유를 알 수 없는 날이 있었다

얼마 후 엄마는 언니를 따라 밤기차를 타고 멀리 정신병원엘 다녀오고

〈

　날마다 노란 알약을 삼키고, 들쑤시는 생각을 삼키면서도 시간은 삼키지 못하였다 불면의 시간 속에 갇혀 지내다 수명의 끈 스스로 잘라 바람을 얻었다

　바람, 이라 쓰고 나서 비로소 엄마를 보낸다

분

분이 돋아난 걸 보면
입맛이 돌까

눈망울에도 단맛이 돌겠지

분이 돋으면
기분은 어떤 색이 될까

분,
분,

만져주지 않아도 안에서
스멀스멀 소리 없이 자라지

목젖까지 차오르면
손톱 같은 예리한 날을 세우지

아무리 속을 덜어내려 해도
드러나고 말지
〈

하얗게 아니 빨갛게 돋아난
선인장 닮은 손이 생겨나지

분을 따라 걷다 보면
톱날 같은 우듬지에 닿기도 하지

해가 지기 전 조각달이라도 띄워볼까
뾰족뾰족 자란 나를 짧게 깎는 밤

잠 밖을 걷다

내가 회전문 안에서 문장을 펴는 동안
그가 어느 문밖으로 흐르는지 몰랐다

나와 내 입이 친밀한 동안
그가 먹은 무엇이 몸안에 있는지 궁금하지 않았다

벚꽃이 피고 지고 수국이 피고 져도
그가 어떤 꽃에 몸을 쬐고 다니는지 알지 못했다

잠들지 못한 내가 바깥으로 나돌던 밤중에
의자 위 허름한 담요에 싸인 바깥 잠을 만났다

건초더미처럼 단단하게 말려 미동 없는 정물화 한 점
쏟아지는 별빛에도 바깥 잠은 깊은 고요 속에 있었다

나는 불면의 밤을 건너고 있었으므로 눈까풀이 떨렸는데
밖의 잠은 잠귀를 닫고 안으로 흘러 꿈속에 들고

그 밤, 나는 잠의 안쪽을 향해 느리게 걷고 있었는데
그 밤, 그는 어둠이 늘여놓은 긴 밤을 완벽하게 건넜다

〈
정물화가 사라진 후
그를 기억 속에 들이고 잠 밖을 걷던 나는
꽃이 질 때까지 검은 리본을 달고 함부로 울지 못했다

2부

벚나무 서사

잎사귀들이 가지를 한 컷에 버리는 공중

몸을 떠날 때 떨켜에서의 이별을 파란으로 기록한다

가벼운 표정들이 서쪽으로 날아갈 때

그녀의 저녁이 불안을 펴고 겨울 서사를 시작한다

오래도록 달려있던 아슬아슬한 높이의 그리움

차가워진 손으로 한 장의 기도문을 적는다

둔한 입술이라 자처하며 간간이 외워 둔

숲에서 함께 나눈 파란을 눈 위에 기록한다

별이 지자 나무들이 무게 없는 시 한 편을 먹는다

삼킨 시어들이 이른 봄날 차례차례 분홍으로 일어선다

사과가 어둠에 빠지면

중력계의 눈금이 사과와 어둠 중 어느 쪽으로 기울까요

사과를 삼킨 어둠은 얼마만큼 달콤할까요

어쩌다 어둠에 겹겹 싸여 본 적 있으세요
그곳에선 들숨은 크게 날숨은 길게 쉬어야 해요

나란히 누워서 어둠별구름을 세는 일은 아주 특별하죠

어둠 속이 빛 속보다 따듯하다고 느낄 때가 있어요

음악이 없어도 무한으로 연주하는 침묵의 리듬이 있죠
사과는 어둠을 뚫고 밝은 세상으로 나올 수 있을까요

하루에 절반은 빛에 내어주고
하루에 절반은 가슴으로 품어주며
몽글몽글한 꿈꾸는 어둠에 가볍게 안기는 사과

별빛을 등지고 더 반짝이는 별똥별처럼
스스로 아름다울 수 없어도

어둠이 품어주는 뒷배로 환하게 붉어지는 사과

사과와 어둠의 무게를 공중에서 달아볼까요

형용사 다음에 동사

시작부터 함뿍 젖는다

뒤섞인 시간에 예정이 없다가도
내용이 생기면 펼쳐야 하지

초록은 드물고 빨강은 유행이 지났고
분홍이 흔하지만 노랑은 슬픔을 부르니
증정받은 까망을 나눠 쓸까

진화를 거듭한 지붕이 돔처럼 든든해서
심장과 심장을 붙이고 입술을 접었다 펼쳤다 하며
조르륵 조르륵 흐르는 소리 받으며 걷는다

바람과의 싸움에서는 언제나 약자가 된다
수직을 받아내던 한 그루가 휘청,
뒤집히고 찢어져 살들이 발라지고 버둥거리다
독백만이 존재하는 뒤안길로 에워진다

서사를 지워내고 감정을 이입한 공간에
우산이 마타리꽃으로 핀다

단단하게 노랗게 형용사 다음에 동사로
잴 수 없는 사랑이 핀다

낯선 말들의 불법 체류기

질문에 대한 대답이 필요합니다

어떤 일에 눈사람처럼 쉽게 녹는 나는
낮에도 창문을 닫아 놓는 습관이 있습니다
하얀색 커튼을 치고 잠이 들곤 했습니다

하얀 꿈을 좇던 나의 손등이 움푹 패고 말았습니다
백색 침대 위로 붉은 진액이 차갑고 뜨겁게 흘렀습니다

질문이 생긴 나는
먼 집을 향해 들끓는 그리움을 띄웠습니다
바다 건너온 무수한 걱정들이 낯선 말 위에 내립니다

대답은 나를 잊었나 봅니다
이국의 질문이 가득 차도
대답을 끌어낼 문장이 녹고 있습니다

처음으로 손등을 쓰다듬으며 일기를 씁니다
어제는 자책에 대한 질문의 대답을 쉽게 놓쳤습니다

끝나지 않는 내일의 질문을 간절히 기다리는 대답이
어디쯤 있을까요

드라이락

그녀는 노란 옷에 빨간 꼬리를 흔들며 내게로 왔어
멈출 줄 모르는 그녀의 매혹이 물비늘에 녹아있었지
물 바닥이 싫다며 종종 하늘까지 오르고 싶어 했어
나는 목계단에 쭈그리고 앉아
머리카락을 찰랑거리며 나올 그녀를 기다리기로 했어

마음 놓고 기다리기란 쉽지 않아
예고 없이 층계 위에서 빗물이 흘러내렸지
무뎌진 나뭇결을 타고 미끄러지듯
숨은 발자국 지우며 내게로 스며들었어

너무 흠뻑 젖어 들지 마
달랑 궁둥이 두 쪽이라면 내어줄 수 있어
가슴까지 젖는 것은 싫어
드라이락을 걸 거야

맥없이 유영하며 서둘러 올라오지 못하는 그녀를
마냥 기다릴 수 없어서
푸른 수면 밑으로 손 내밀어주었지
순간 당황한 그녀가 숨어버렸어

눈물이 물보라에 섞여 아주 잠깐 빛났지
바람이 물의 표정을 살피다 천천히 돌아갔어

커버링Covering[*]

거꾸로 나이 먹으려면
거울은 십 분 정도 보는 게 좋겠어요

무표정보다는
함성 터지는 공간에서는 파랑, 빨강도 괜찮아요

겨울에는 굽 높은 신발을 신죠
오르막은 또박또박 짧게 짧게 걸어요

검정 옷은 사계절 패션이란 핑계로 자주 입어요
주머니에 넣은 손은 눈길에 아주 안전하거든요

티바나보다는 커피를
와인보다는 소주를 주문해요

질문이 쏟아지면 그냥 빙긋이 웃으면 돼요
가족 소개하는 시간은 없어도 괜찮아요

따듯한 물에 제 몸 푸는 비누 꽃이 예쁘네요
보통이면서 보통이 아닐까 봐 긴 바지를 입어요

〈

카페에, 사무실에 내 것이 아닌 표정들이 파랗게 박혀있어요
천장으로, 바닥으로 몰려다녀요

그들에게 함부로 손 내밀고 싶은데 어쩌죠

* 주류에 부합하도록 타인이 선호하지 않는 정체성의 표현을 자제하는 것 : 켄지 요시노.

만장

　어머니는 하얀 쌀로 빚은 주먹밥 한 봉지 싸주셨다 나는 교복 대신 꼭 맞는 청바지 입고 짧은 머리엔 까만 야구모자 썼다 내 발이 대문 밖 나설 때 어머니의 두 눈이 감겼고 신작로에 닿았을 때는 두 다리마저 감겼다

　포성에 하늘이 흔들릴 때마다 친구들 몸엔 붉은 꽃이 피었고 앞으로 꺾인 몸이 하나둘 흐린 바닥에 누웠다 밑바닥에는 붉은 꽃이 피었다 나도 그들 틈에 따라 누웠다 붉은 가슴으로 어머니께 마지막 인사 정중히 올렸다 우리를 본 많은 사람들은 입 굳게 닫았고 아카시나무는 묵묵히 흰 만장 여럿 내걸었다

　푸른 꽃대에 매달린 아카시꽃들이 눈부신 오월 하늘에 향 피우고 있었다 공원묘지에 한 줌 슬픔도 버리지 못한 검은 정장들이 서 있었다 조포가 울리고 추모곡이 연주되는데 나의 어머니는 보이지 않았다 내가 눕던 그날, 어머니는 으깨져버린 가슴에 손수 아카시나무를 심으셨다 여러 해 동안 질긴 뿌리가 심장까지 위협해도 몸 밖으로 꺼내놓지 않으셨다 어머니는 가슴도 목소리도 전혀 열지 않았다 오래지 않아 어머니는 묵정밭이 되었다

봄빛 가득한 날 아카시나무는 여윈 어머니 머리 위에 나 대신 하얀 꽃을 피워주었다

초록을 버리다

내가 만지면 꽃이 핀다

젖은 손을 펼치면 대궁들이 쑥쑥 자란다

천둥이 울고 폭우가 다녀간 후

젖었던 뿌리들이 여름과 함께 달아오르고

꽃과 꽃 사이 다른 꽃들이 태어나서 한층 소란하다

손가락이 가끔 꽃 이름을 잊어버린다

손톱에 흥건히 꽃물 들도록 상처는 하루쯤 재워 둔다

아름답다, 라는 형용사 하나로 한 철을 살다 가는 꽃들

손목이 들어 올리는 아름다운 것을 꽃바구니라 부를까

그가 떠난 후 내가 기록하던 여름이 죽고

초록을 잃어버린 꽃들이 공중에 하얗게 피어있다

활 같은 여자

그녀는 밖으로 내보내는 일에 열중했다

꽃도 이름도 사랑도 밖으로 옮겨 심었다

안과 밖의 거리는 얼마나 될까

입구가 없으므로 몸안의 소리를 듣지 않았다

태양이 느리게 건너가던 어느 유리벽에서

둔각으로 굴절된 자신의 그림자를 처음 만났다

휘어진 허리는 사선으로 만나야 편했다

감은 눈 속으로 몸 밖의 소리들이 흘러들어

힘을 빼고 누워도 여전히 힘이 들어찬 몸

활 같은 그녀의 눈물이 범람한 날이었다

잠이 들지 않습니다

동그라미 안에 어둠이 끼어있어요 기꺼이 어둠을 붙들고 있어야 더 깜깜해질 수 있어요
뚫릴 때 이미 먹먹해진 두 눈을 감습니다

식구들 구멍을 채워주려고 아버지는 매일 나무에 구멍을 내셨어요 어머니는 서툰 손으로 인형의 구멍을 메우셨어요 둘은 가끔 손가락에 구멍을 내기도 했습니다 구멍 난 손가락으로 구멍 난 손가락을 더듬는 밤이 불그스름한 진물을 쏟았습니다

발그레한 복숭아에 구멍 나는 일은 순식간이에요 물컹거리는 구멍에서 진액이 흘러요
씹지도 않고 꿀꺽 삼켜버린 살 내음이 혀끝에서 익어가요

잠이 들지 않습니다

바늘구멍으로 들어가는 심장을 보았나요 구멍에 갇힌 사람들과 구멍 난 사람들이 섞여 지내요 가슴에 난 구멍이 점점 커져요 경험하고 싶지 않은 구멍의 장난에 속수무책이에요 구멍을 막으려면 검정 마스크를 써야 할까요

〈

　종종 구멍 뚫린 사람들이 하늘로 가요 동그라미 속 온도를 낮출 수 없어 구멍에서 잠든 시간이 길어집니다

그녀의 실루엣

한 여인을 위해 마름질을 시작한다
그녀의 가슴 수치는 멀리서 읽어야 한다

도화지 위에 그린 허리선이 유난히 굵어 보인다
웃음을 잘 읽는 그녀의 옷감은 울지 않는 천이 좋겠다

본래 머금고 있는 물기로 충분히 촉촉한 그녀
그림자는 좌우 비대칭이 더 아름다울 수 있다

한 땀 두 땀 타인의 안목으로 지어지는 그녀의 집
시접선 안으로 주는 가윗밥은 그녀에게 소음일 수 있겠다

우쭐한 나날을 위한 난간
뾰족한 그녀의 여름이 사선으로 떨어지고

원피스 끝단이 가뭇한 울음을 덮으며 실루엣을 완성한다

출력을 앞둔 모니터 속에서
그녀의 실루엣이 한껏 우울을 낭비하고 있다

춤

직선보다 곡선이 평지보다 언덕이
닫힌 듯 열려있는 길

윤곽 흐려진 해가 서쪽으로 기울고

가방과 목걸이와 엉덩이가 흔들리고 있었는데
같은 박자 같은 방향으로 춤을 추고 있었는데

백팩은 앞으로 매 주세요,
빨간 문장 한 줄이 춤의 허리를 쓱 벤다

아하, 가방을 앞으로 돌려 안고
총총한 눈으로 주위를 살피고는 어느새 흔들린다

눈 감고 몸 맡기고 음악을 켠다

혼자 추는 춤이란 흔들리는 길 위에서
가슴으로 안은 고요를 더 깊이 들이는 것

임의 동행, 그 후

사과의 무게는 얼마일까요

사과가 익던 날 밤
담을 넘을 수 없는 이가 담을 넘었다는
증거 아닌 증거로 더 높은 담 속에 갇히고 말았습니다

사과가 가볍다고 말한다면 구름 닮은 맛이 나겠네요
구름처럼 사라져 단단한 벽과 마주한 사람이 사과를 기다려요

과일을 물들게 하는 햇살은 그의 방엔 들르지 않아요
귀를 닫은 사람들만 그의 부르튼 목소리를 들어요

잠이 자꾸 쏟아져도 받을 수 없어 속살이 시커멓게 물들어요
눈앞이 점점 흐려져서 그는 결국 사람을 죽였다고 적었어요

허튼 말들이 백지에 새겨지고 판결문은 완성되었습니다
 안쪽의 시간이 느리게 구워지고
 더는 부재한 저쪽의 시간을 기다리지 않으리라 생각했습니다

〈

진실한 사과는 무거워야 합니다
거짓말같이 거짓말은 거짓임이 밝혀졌습니다
오랫동안 사과를 먹으면서도 사과를 몰랐던 사람이
그에게 방사성동위원소를 핑계 삼으며 억지 사과를 하네요

때늦은 사과는 균열된 슬픔을 쉽게 매울 수 없습니다

3부

처음 연애

새벽이야
늦었지
발이 부었어

나는 밥이야
부드럽게
네 안에서 모래처럼 구르는

속이 보이도록 익어야 할까
너의 시선이 마르지 않게

속살처럼 부드러운
처음 지문이 지워지고 있어

이제 막
너에게로 열려

제니쿠키처럼
야릇하게 부푸는 입술

우아함에 대하여

당당하게 가슴을 내밀어 봐

공항 패션을 완성하려면 맨살의 언더웨어가 있어야 해

당신의 웃음을 찍을 때는 액세서리라 우기지

타인의 코드로 읽히는 댓글이 층층 달리기도 해

우아함이란 제거하는 것*

몸에서 당신을 벗는 일은 꿈꾸는 이들의 몫이야

소문이 머리부터 발끝까지 볼록렌즈에 갇히기도 해

완벽한 포즈는 색으로 표현할 수 없지

몸속 깊은 곳에 숨어있는 제멋대로의 착각

드러낼 것 없는 헐렁한 셔츠가 당신을 입는다

* 프랑스 디자이너 크리스토발 발렌시아의 말.

살구, 빛나다

틈새로 내리꽂힌 햇살에
가뭇없이 흔들리는 시야
반쯤 혹은 더 반쯤 보이는
너의 유혹이 과하다

꽃들이 다녀간 봄날부터
한동안 내밀어 둔 꽃자루에서
캄캄한 울음이 샌다

노릇해지다가
뜨거워지다가
헐거워져 마침내 떨어져 나간
너에게로 다가간다

환한 슬픔 가시기 전
멍든 너를 껴안고
시다 쓰다, 에 길들어진 혀끝으로
절개선 따라
비로소 너의 향기를 핥는다

방치하는 즐거움

공원 벤치에 나를 방치하면
하늘을 언제가 바꿀 수 있을 것 같았지
하늘이 내려와 내게 안겨서
새가슴이 바다처럼 넓어지는 줄 알았지
아늑하다고 생각했는데 응급실이었어

방치는 때로는 즐거워
맴맴 울부짖는 여름을 방치하면 가을이 오고
분홍만 고집하는 꽃씨를 방치하면 경쾌한 수국과 만나지

방치하는 순서는 뒤죽박죽이어도 괜찮아
뉴스의 사회면을 방치하고
집 안에서 제일 반짝이는 식탁을 방치하고
몸에 걸리적거리는 수족도 때때로 방치하지
증오 몇 마디 방치하고 두루두루 다 방치하고 나서
까다로운 입까지 방치하면 적막한 세상과 만날 수 있어

귓속까지 파고드는 말의 뼈 방치하기란 좀 어려워
그런 날은 무기력이 무기가 되고 말지
방치해 둔 마당에 눈이 그림자처럼 쌓이고

땅에 티끌들이 아름다워지는 날이기도 하지

방치하는 일에 무딘 사람들은 장미의 심장을 가졌을 거야
분노와 절망이 촘촘하게 파고들어도 사건을 만들지 않아
단지 곳곳에 방치의 즐거운 거리가 무수히 넘쳐날 뿐

빨강을 입다

동쪽의 심장이 능선 위로 타오른다

층층 붉은 띠 밀어 올리는 파묵칼레의 태양

빨간 지갑, 빨간 구두, 빨간 외투

온통 빨강으로 중독되었던 도시와 사람들

의식에 밀려난 빨강은 그림의 외식이고 디저트다*

빨강의 형식이 내용을 설정하는 불온한 시대

줄, 팻말, 경고등! 비호감의 상징으로 돌아온 빨강

마음마저 저 색을 저버릴 수 있을까

로스코의 그림 속에서 찬찬히 더 붉어지는 의지

창가에 앉았던 빨간 조끼가 등 돌리며 하차한다

신호수, 라는 검은 고딕체가 등에 업혀 따라 내린다
〈

무서운 속력 앞에 선 그녀가 조금씩 빨강을 닮아간다

* 한정선, 오늘의 빨강.

흔한 것들의 일기예보

　흔한 것이 없어서 무서운 날이 있다 원룸의 문은 셋이고 사람은 하나다 안쪽 문을 오갈 뿐, 굴러오는 어떤 것들이 없다 없는 약속이 내게 옷을 입히고 신을 신겨주며 흔한 것들을 찾아 광장으로 이끈다

　타고 내리고 걷는다 광장에는 서로의 숨결을 느끼는 꽃들과 나무, 의자들, 혼자 또는 여럿인 사람들이 풍광 속에 꽂혀 있다 코와 입으로 스며드는 일기예보, 정수리에 쏟아지는 유월의 풍경, 가장자리에 크고 작은 모퉁이들이 흔하게 보인다

　흔한 것들이 나를 돌아본다 길쭉했던 얼굴이 둥그러져 있고, 작은 손바닥 온도가 조금 높아진다 내 안에서 촛불로 눈이 깊어졌던 광장을 만난다 어둠에서 밝혔던 작은 빛들의 뒷모습을 느낀다 종종 맑음이 예보되는 흔한 것들의 광장에 나도 흔한 사람으로 있다

스윙

오른손, 왼손은 반지름의 구성원

스윙의 입구에서 출구까지 안개에 묻혀있다

시작은 언제나 오른쪽, 끝은 미로다

스윙의 색깔은 하양일까 초록일까

둘, 넷, 여덟이 휘두르는 무정형의 리듬

쓰고 지우고 다시 쓰는 비기너의 하염없는 유희

싱글을 향한 무한한 두드림은 절망의 스윙이다

공중에서 공중으로 사라지는 투명의 낱장들

스윙은 제각각의 질문이 허공에 던지는 춤이다 꽃이다

그믐달과 파도

 무의도 바닷가 해풍에 쭈글쭈글해진 손등이 깊은 눈 비비고 있다 백수인 외아들과 낙지 장사 며느리, 다투는 소리가 섬 하늘 울릴 때마다 그녀는 꺾인 무릎 휘저으며 집을 나선다 주저리주저리 속상한 얘기 공중에다 토하면 무릎이 닳아도 공중회전에 문제없는 갈매기가 끼룩끼룩 화답한다

 그믐달 같은 그녀의 눈 속에 파도처럼 넘실거리는 며느리가 살고 있다 가뭇한 눈 속에서 며느리는 조개도 팔고, 밭도 매고, 저녁이면 바닷가 출렁이는 파도 끝자락 몽돌 뒤집으며 낙지도 건진다 인제 그만 모호한 그 눈에서 내보내 달라고 악쓰고 사정하는 며느리의 눈물을 훔쳐버린다

 오래전 10점 모자란 남편, 눈에 제대로 담지 못해 천 길 파도 속으로 먼저 보냈다 뱃속 핏덩이가 자라서 백수가 되었다 가끔 악몽이 출몰하는 집 안으로 뜻밖에 길몽 지닌 며느리가 들어왔다 불길한 기운이 퍼지기 전, 그녀는 길몽을 아예 눈에 넣고 살게 된 것이다 어둑어둑 초점 흐린 그믐날에도 삼엄하게 유지되는 며느리의 감옥
 〈

달이 가고 해가 지날수록 기력이 낡아 간다 눈에 금이 간 지 오래다 벌어지는 실금 사이로 핏물이 흐르는 날도 있다 더 이상 수리되지 않는 울타리 붙들고 견디던 그녀가 보이지 않는다 며느리 잠든 집 담장 위로 총총한 그믐달이 한 달에 며칠씩 기호처럼 걸려있다 사라진다

세 번째 행성

비가 오지 않았으면 좋겠어요

붉은 눈을 가진 그와 만나기로 했거든요

신을 벗는 습관을 위해 시간을 조금씩 늘리듯

그의 메시지는 리듬으로 읽어요

거친 문장이라도 맨발로 걸으면 들려요

바닥에서 바닥이 되면 얼마나 따듯한 관계가 될까요

몸에 든 슬픔을 비우기 위해 그의 행성에 들기 시작했죠

그의 생각을 밟다 보면 심장이 조금씩 뛰기 시작해요

태양에서 세 번째 행성, 그 몸의 뜨거운 활자를 읽는 일

매번 다른 행간의 매력에 서서히 빠져들죠

그의 붉은 문장을 읽는 내 발바닥이 뜨겁게 타고 있어요

손이 손을 잡는 습관

오래 중풍을 앓던 어머니의 손을 잡는 습관이 생겼다 여름이었고 창문을 열 때마다 손목들이 떠돌았다

꿈속에서 누군가의 손을 잡고 숲으로 갔다 바람이 불어서일까 숲속에는 무수한 손들이 흔들리고 있었다 불안한 리듬에 어지러웠다 손에서 손을 놓쳤다

일인극의 주인공이었던 나는 이모의 손에 이끌려 맞선을 봤다 선본 남자는 다음 날부터 내 손을 잡고 카페로 식당으로 쏘다녔다 손잡는 습관만으로 그 남자와 결혼했다

비가 쏟아지던 날, 시장통에서 아이의 손을 놓쳤을 때 자동차 바퀴가 아이의 발목을 넘어버렸다 발목의 깊은 상처에서 돌출된 흉터는 내 손을 오래 꾸짖었다

건널목에서 노모의 손을 잡고 건너는 겨울 햇살

손이 손을 잡는 습관은 따듯함이 간절할 때 생긴다
손이 손을 잃어버리면 환하게 바닥을 드러낸 맨얼굴과 만난다

또 여름이다 거울 속 움츠린 내 손을 잡아줄 계절이다

서해

나갔던 물이 돌아올 시간이다

어둠의 입이 쏙쏙 갯벌을 삼키며 들어오고 있다

해풍에 쪼그라진 젖가슴 가랑이 속에 넣고

갈고리 하나로 굴 따는 할머니

동그랗게 휜 허리 못다 편 채 뭍으로 향한다

갓 나온 알굴들 박재기 속에서 서로 몸을 섞는다

허리가 갈고리가 되도록

밀물과 썰물은 할머니의 굴을 키웠고

굴은 할머니와 일곱 자식을 키웠다

노란 구역

키위 대신 레몬을 사랑해도 될까
딱히 주인공이 필요하지 않아서

줄줄 흐르는 과즙
믿음이 생겨

노랑은 눈물 쪽으로 잘 기울지 않지

모자 속 까만 안경이 눈 뜨는 저녁
나태하고 아직은 나태하지 않고
몸무게 눈금이 매일 다르게 보이면 안심이야

사과는 당근과 함께 먹어야 해
노랑보다 초록, 초록보다 주홍에 몰두하지

먹어보고 마셔보고 검지로 휘휘 저어봐
그래도 금 간 유리잔은 봐주지 말고 던지자

향기로 환해지는 구역

함께, 라는 부사

빌딩 사이에서
함께, 라는 단어를 드래그합니다
그 옆에 쓰고 싶은 동사를 붙여봅니다

함께 해요
함께 먹어요
함께 가요
주어가 없어도 얼굴이 따듯해집니다

우리 함께 걸어 볼까요
복용할 약이 많아서 자주 입이 쓰다는 그와
당연한 듯 끼어든 침묵과 셋이 동행합니다

며칠 전, 삼인칭 주어들이 모여
함께 웃으며 먹고 마셨습니다
마지막 축배의 눈빛들은 유난히 찬란해 보인다죠
얼굴이 얼굴을 비추며 귀가를 기다리던 그들에게 일어난
무거운 사건
함께 어느 별로 떠났다는 오보 같은 뉴스
〈

그들이 떠난 자리에 눈물들이 모여있습니다

가끔 함께, 라는 부사는 집착입니다
이따금 생과 사의 지평에서

4부

시간이 빠져나간 식탁

이인용의 식탁에서 혼자 식사를 한다

지나온 시간을 포장지처럼 접어두고
일 인분의 식사를 하면서 삼 인분의 생각을 한다

어제의 낱말들은 꽃으로만 있다

왼쪽 가슴에 난 구멍으로 통증이 돋는 날은
액자 속 남은 기억들 무딘 검지로 세어보곤 한다

어두운 시간을 눈 밖에 우두커니 세워 두고
공중에 떠 있는 불면의 눈동자만 어루만진다

계절을 건너온 밥알들이 혀끝에서 골똘하다

길고 지루한 일 인분의 슬픔을 갉아먹는 저녁이
식탁에서 빠져나간다

몽돌

 몽돌들이 발밑에서 자그락거리며 달려들기 시작했어 조그맣고 동글한 것들은 왼발 오른발 번갈아 밟아도 부서지지 않았지 발을 뗄 때마다 입도 없는 것들이 차르륵차르륵 소리를 내며 웃었지 발등까지 타고 올라온 것들은 파도처럼 더 솟구쳐 오르고 싶어 했어

 그들은 바닷가에서 수만 년쯤 뒹굴며 살고 있어 서로의 고독과 무심에 안기고 채이다 모를 잃었지 울음도 비명도 이젠 파도 소리에 묻힌 지 오래 온전한 몽돌이 되었어도 바닷가를 떠나지 못하는 사람들, 저마다 몽돌 놓인 자리가 제집인 줄 알지 몽돌 해변에 뿌리내린 뿌리 뽑힌 몽돌들

라떼의 계절

우기가 계절을 버리고 떠난
안압이 낮은 그녀의 눈으로 그늘이 흘러든다

그녀의 실눈이 불안을 쓰다듬는다
우아하게 피었다 잠들지 못하는 수국처럼
몸 밖의 그가 그녀의 맥을 잡은 지 오래
그녀는 생각을 들고 카페로 간다

깊은 의자에 앉아 라떼 한 잔을 시키고
그늘을 상의처럼 벗어 등받이에 걸어놓고
오래전 잃어버린 얼굴의 기분을 떠올린다
그와 표정이 물길에 휩쓸려 골목 끝으로 사라지던

향기의 목록들을 접고, 포개다 얇아진 모서리처럼
스미다가 부드럽게 소멸하는 사랑을 앓는다

모르페우스*의 하얀 날개가 그녀를 다시 일으킨다

* 모르페우수 : 그리스 신화에 등장하는 꿈의 신.

간절기

사과를 나누던 눈썹이 기울자
남은 여름이 꽁지 채 잘려 나간다

깨진 돌멩이를 이어 붙이듯
그의 호흡이 불안의 수치에서 오가던
이른 새벽 날아온 부고

닿을 수 없는 깊이에 발 들여놓고도
살고자 하는 일이 찬란하다고*
빛과 어둠을 되풀이하며 병원 뜰을 오르내리던 그

하늘이 뚫릴 것 같은
예감보다 먼저 닿는 소식은 오보여야 한다

바람 앞에 검은 잎처럼 흔들리던 기도를
차마 거둘 수 없어 그림자를 쫓듯
앨범 속 비망록을 더듬는다

계절이 흐르고 구름 속에 사과꽃이 피고
한 이름이 기억에서 멀어질 어느 훗날을

말할 수 없는 나는
가끔 찬란한 기억을 소환하며 사과처럼 붉어질까

* 이병률의 시 「찬란」에서.

완전한 믿음

 틈을 가진 한 남자가 서쪽으로 흐릅니다 틈으로 들어오는 바람 탓에 머릿속이 텅 비어있습니다 그는 붉어지거나 어두워지는 데 필사적이지 않습니다 익숙한 솜씨도 은폐할 눈물도 없습니다

 한 여자의 소금밭에 닿았습니다 입으로 풀어놓는 그녀의 유혹에 부르튼 발 담기로 했습니다 그의 틈을 엿본 그녀는 빠른 혀 놀림으로 텅 빈 그의 머릿속에 밥상을 차렸습니다

 그는 밀물 때도 썰물 때도 넓은 소금밭으로 출근했습니다 머리에 꽂힌 그녀의 말이 연장이 되고 새참이 되었습니다 해풍보다 먼저 깨우는 그녀의 말에 시작되는 짭짤한 노동의 하루

 그러다 그녀의 말과 결혼하는 행운이 찾아왔습니다 하객은 없었지만 혼인 신고는 소문까지 내며 당당하게 했습니다 그녀의 말이 차 있던 머릿속에 그녀를 믿는 믿음으로 가득 채웠습니다 그는 24시간 읽혔지만 그녀의 말은 전혀 읽지 못했습니다
 〈

이슬에 젖은 작업복이 소금밭에서 느릿느릿 낡아갔습니다 동네 사람들의 눈초리가 설왕설래 말풍선 불기 시작했습니다 그를 읽던 그녀의 말이 사라져서 들리지 않아도 그녀를 향한 그의 믿음은 소금 창고에 켜켜이 쌓여 갔습니다

기차, 풍경 속에 들다

철교 아래에서 풍경이 되어주는 한강
표정은 흘림체다
강의 원형은 물음표다
강을 내려다보는 눈길이 아늑할 뿐이다

어둠이 살얼음처럼 내린 철교 위
기차가 교각 위에 멈춰 서 있다
강물은 흘러내리며 기차를 본다

기차 안, 까맣게 타는 심장들이 손잡이 꽉 잡고
추워요, 무서워요
너무 많은 불안이 쏟아진다
풍경 속 비명이 내려 닿은 강의 눈빛은
그 소리들 제 안으로 들여 더욱 깊어진다

풍경도 흐름이 필요해서일까
강 건너 밀려 서 있던 표정들이 차례로 시동을 건다
바라만 볼 수도 머물 수도 없는 교각 아래 강물은
밤 풍경 완성하고 그 풍경과 차갑게 이별한다

자전의 법칙

돌고 도는 일은 흔하다
돌다 보면 동그라미 너머 군중들이 보이고
돌고 돌다 제자리로 돌아와 원래의 그늘에 닿기도 한다

기분이 촛농처럼 녹아내리고 현기증이 찾아온다
시도 때도 없이 수시로 자전 중인 내 머릿속
사계절 끊임없이 돌다 나도 몰래 내 안에 생긴 원형
그 안으로 디아블로가 밀고 들어와 시작된 슬픔

가계를 버리면 부드러운 불안과 벗이 될까
원주를 지우면 통증의 세기에서 내려올 수 있을까
바닥에서, 무대 위에서, 편집 중인 종이 위에서
망설임 없이 뛰었을 때 휘황했던 순간들을 떠올려 본다

불현듯 달려가 찬물에 머리 식히던 할머니,
사철 이마에 손 올리고 신음 흘리던 엄마가 보인다

내 뿌리의 내력이 궁금하다
MRI 둥근 통로에 기계음이 가득하다

무릎의 온도는 낮아야 해요

뚜두둑 뚝뚝 환하게 터지는 소리
방치할 수 없는 소리에 눈이 다가갑니다

두꺼운 눈에 이미 그려진 무늬들
으깨진 표정이 쉰 울음 울기 시작합니다

꼭 맞던 중량이 모자라는 이유를 찾아야 합니다

세 평짜리 곁방에서 사는 할머니
오랜 시간 갯벌에 갉아 먹힌 연골 집이 텅 비었어도
무릎으로 턱을 괴면 힘이 난다, 생각합니다

슬픔의 온도는 낮추는 편이 좋아요

발의 무게가 무거워지면 계단이 흔들려요
통증에 공중이 온통 무너집니다

소리의 무게,
조금씩 떼어내면 이미 알던 자세로 돌아갈 수 있어요
〈

젊음을 잃어버린 그녀가 침대에 누워 부활을 노립니다
관절 속에 말랑한 기억 몇 줌 넣고 닫으면 본색이 돌까요

기억이 몸을 잃지 않도록 소리에 민감해야 합니다
당신을 잃은 밤이 다시 찾아올지 모를 일입니다

무릎은 무릎의 온도를 믿어야 합니다

그녀의 탈출기

남자의 손이 여자의 손 꼭 잡고 있다
창밖에 벙근 매화, 꽃잎이 꽃술 쓰다듬고

밥때에 맞춰 밥 먹는 게 일인 일터
뱃속에 봄이 와서 슬슬 졸음에 빠져든다

여자의 기억이 충돌할 시간
그녀의 눈이 환하게 번뜩이며 탈출구를 찾는다

하루에 두 번씩 탈출을 시도하는 그녀
차례대로 멱살 잡히는 순한 창문들

엘리베이터 스위치는 바늘구멍이다
그녀의 종이 바늘에 슬쩍 반응한 엘리베이터
비상이 걸린다

남자가 여자의 손 꼭 잡고 있다
왜 자꾸 나가려고 하느냐는 남자의 질문
아버지 일 갔다 돌아올 시간이라 밥하러 가야 한다고
답하는 여자

그 남자의 손에서만 유순해지는

그녀의 눈 속에
육십 년 한집 밥 먹은 남자가 들어있다

기억의 저편에서 삭제된 사내
기억의 이편에서 다정한 남자

그녀의 탈출은 묘연하지만
탈출기는 매일 다르게 기록될 것이다

사이비 교주

오리 궁둥이 내밀어 줄 수 있나요
클럽은 사선의 길을 선호해요
당신의 눈길은 하얀 볼에 두고
온몸을 오른쪽으로 활짝 열어보세요
녹색 사랑이 와르르 당신 품으로 안겨들 거예요

이렇게요

클럽을 올리며 몸 돌리는 그녀
뒤쪽은 앞에서 언제나 멀어서일까
백스윙 궤도를 벗어난 엉덩이가 우측으로 밀려나고
클럽 헤드가 하늘로 솟았다가 등 뒤로 내려간다

고객님 스카이스윙, 넥스윙보다는 백스윙이 좋아요

당겨주고, 올려주고
잡아주고, 틀어주니
뚜두둑 뚜두둑 관절음이 온몸에서 연주된다
스윙 스윙
그녀의 호흡에 땀이 맺히고 겨드랑에서 신음이 샌다

〈
너무 어려워요
나를 바라보는 그녀의 눈에 가득 서린 걱정
당연히 어렵죠
만약 방금 배우기 시작한 골프스윙을 능숙하게 잘한다면
당신은 사람이 아니라 신이겠죠

그래도 너무 어려워요
내가 잘할 수 있을까요

날 믿으세요
믿어요, 그런데 나를 믿을 수가 없어요
그녀 입술의 고백이 입김처럼 흐리다

그녀가 웃을 때까지 나는 별별 신이 되기로 한다
불신이 없는 앵무새의 혀와 매의 눈을 장착한다

어떤 알바

서핑의 쾌감으로 쇼핑 중이다
오른손의 파도타기를 왼손이 지켜보고
손목시계의 초침이 모자이크되고 있다

택배가 문 앞에 놓여있다
매끈한 상자가 구름처럼 가볍다
당신의 어깨도 가끔은 가벼워야 한다지만
왜 빈 상자일까

모니터 속 진지한 눈빛이 빠르게 번쩍이고
알바생의 오른손이 침착하게 마우스 굴린다
그의 왼손이 보고 있다

별 다섯 개 찍고 후기는 부드럽고 깔끔하게
이 리뷰가 도움이 되신다면 아래 버튼 꾹 눌러주세요
후기에 빠져든 사람들이 클릭하기 시작하고

클릭 클릭, 재고가 화면 속에서 뚝뚝 떨어진다
빈 상자 아이러니, 그의 잔고가 웃자란다

나는 집이 되지 못했습니다

추운 날 문득 호주머니에서 동전 몇 개가 만져집니다
동전은 돈인데 유물처럼 느껴져 손이 부끄럽습니다

아빠는 약초를 캐고 엄마는 날품을 팔았습니다
나는 만화책을 모으고 동생은 동전 놀이를 좋아했습니다

매일 밤 부자가 되는 꿈만 꾸던 동생은 母子가정이 되었습니다
부모님의 돈줄이 되고자 했던 나는 은행의 돈줄이 되었습니다

돈줄이 되고 나서 무엇이든 팔아야 했습니다
노트북, 팔찌, 주식까지 팔고 나서
눈물은 소량만 팔았습니다

마지막으로 재개발 전문 부동산에 나를 내놓았습니다
덩치가 작아 금방 팔릴 거로 생각했습니다
십 년이 지나 부모님은 그냥 떠나셨습니다

집이 되지 못한 나는 스스로 법정관리 대상자가 되었습니다

남들처럼

남들이 오고 가고 있다
남들의 안이 궁금하다

산수유 꽃잎이 무리 지어 들어있을까
답답한 숨과 퍼석거리는 망각이 들어있을까

남들처럼, 의 잣대가 닿을 때마다 길을 잃다가도
남들처럼, 은 아니지만 위무하며 흔한 일로 치부한다

남들처럼
치솟은 빌딩 숲으로 출근하지 못하고
바다가 쇼팽을 연주할 때 경청하는 귀 가지지 못했다

그들 틈에 나도 공감하는 남으로 끼어있을까

남들은, 남들이 바라보지 않아도
남들 안에서 밖에서 어두워지며 밝아지며
물꽃으로 불꽃으로 제각각 피어 긴 시간 그저 출렁인다
무한대의 공간에서 하나의 행성으로
〈

남들처럼, 을 궁리하다
남들처럼, 에 봄을 담는다

참 많은 것들이 남들 안에서 채워지고 또 비워진다

■□ 해설

헤테로토피아를 향한 파토스적 질문들

박남희(시인·문학평론가)

1. 파토스적 내면, 혹은 계절의 바깥

　변예랑의 시들은 색채 이미지로 가득 차 있다. 그것은 단순히 시각적인 범주에 머물지 않고 시인이 드러내고 싶어하는 감정이나 생각, 또는 삶의 지향점에 닿아있다. 그런 점에서 그의 시에 드러나 있는 색상들은 파토스적이다. 그의 시가 그리스의 철학자 아리스토텔레스가 말한 설득의 세 가지 요소, 즉 로고스(Logos)와 에토스(Ethos)와 파토스(Pathos) 중 상대적으로 파토스에 기울어 있는 것은 그의 시 밑바탕에 사랑의 감정이 짙게 자리하고 있기 때문이다. 그가 지향하는 사랑을 장소성으로 표현하자면 미셸

푸코가 말한 헤테로토피아(heterotopie)로 설명해 볼 수 있다. 헤테로토피아(heterotopie)는 hetero(다른)과 topos(장소)를 결합해 만든 의학적 신조어로 '이소성'이라고도 번역되며, 신체 부위나 기관이 비정상적인 자리에 있는 것을 가리킨다. 푸코는 이 용어를 지금의 현실에 조화롭지는 않지만 실제로 존재하는 유토피아적 공간을 가리키는 용어로 사용한 바 있다. 인간은 사랑을 통해 자신만의 헤테로토피아를 향한 무수한 일탈을 꿈꾸지만 그러한 바람은 그리 쉽게 이루어지지 않는다. 이러한 어긋남은 필연적으로 결핍을 불러오고 결핍은 내면에서 소용돌이치는 파토스와 만나게 된다.

    기둥목이 잠이 깬 빛에 곁을 내준다

    온몸이 귀이지만 어떤 말에도 홀리지 않는다

    질문이 이끄는 방향으로 귀를 내민다

    여기는 회전하는 바람의 광폭을 가르는 계절의 바깥

    바닥을 잡고 놓지 않으면 오래오래 죽어 갈 거야

〈

잠잠히 자신을 풀어놓은 어둠 앞에서

당신은 언제나 밝지만 발설의 온도는 낮다

떠도는 새들이 흘린 밀어가 귓불에 닿아 해독된다

누구라도 기댈 수 있는 등을 가졌어도

어쩌다 무게 중심이 기우는 날이 있다

-「계절의 바깥」 전문

    시학에서 나무는 종종 인간의 은유로 사용된다. 이 시가 시인이 지향하는 시학을 요약해주는 메타시로 읽히는 것도 이 시의 '기둥목'을 시인의 은유로 읽을 수 있는 여지가 있기 때문이다. 이 시에서 기둥목을 시인으로 읽는다면 무수한 귀(이파리)를 달고 있는 나무로서의 시인은 "온몸이 귀이지만 어떤 말에도 홀리지 않"고 "질문이 이끄는 방향으로 귀를 내"미는 존재이다. 다시 말하면 나무로서의 시인은 "회전하는 바람의 광폭", 즉 내면의 파토스를 가르는 계절의 바깥에 서 있는 존재이다. 이 시에 의하면 그는 바닥을 잡고 놓지 않으면서 서서히 죽어가는 존재이고, "잠잠히 자신을 풀어놓은 어둠 앞에서" "언제나 밝지만 발설의 온도는 낮"은 목소리를 가진 존재이다. 또한 나무로서의 시인은 "떠도는 새들이 흘린 밀어가 귓불에 닿아 해독"되어 그것을 시로 새롭게 탄생시키는 존재이다. 그는 "누구라도 기댈 수 있는 등을 가졌어도" 그에게도 "어쩌다 무게 중심이 기우는 날이 있다". 아마도 그 무게 중심이 지향하는 곳은 그만의 헤테로토피아일 것이다.

집은 그녀를 키웠을까 말을 키웠을까

그녀는 곁에 구르던 낱말들로 말짓기를 시작했다

완전한 초록을 입는다며 바닥으로만 흐르던

그녀의 앙상한 눈빛에 중독된 나는

착한 슬픔을 폐기하느라 가끔 몸살을 앓았다

참 많은 질문을 토해 놓아도 매번 몰입되던 그녀
〈

귀가 커지고 기력이 자랐다

소소한 믿음이 생겼다

오래된 불안을 씻는 염려가 아주 떠났다

그녀가 느끼지 못한 저녁이 부어오르고 있었다

후생에 대해 언급한 적 없었는데

그녀의 입이 골목의 어둠 속으로 미끄러져 들어갔다

내 귀에서 꽃피던 문장들도 따라 들어갔다

그녀의 아름다운 말에 가닿을 수 없는 입술

말들이 떠나버린 적막한 집을 나는 떠나기로 한다

- 「은유가 살던 집」 전문

이 시를 읽으면 먼저 M. 하이데거가 말한 '언어는 존재의 집'이라는 명제가 떠오른다. 철학적이면서 문학적인 이 명제는 하이데거가 R. M. 릴케 서거 20주기를 맞아 쓴 논문 속에 처음으로 등장한다. 이 말을 풀어서 말하면 언어는 존재가 거처하는 집이라는 의미이고, 이 말에는 언어야말로 존재의 근거를 확보해주는 가장 본질적인 매개체라는 의미가 담겨있다. 위 시의 제목인 '은유가 살던 집'은 '은유'를 시의 제유로 본다면 '시가 살던 집'이고, '시인의 시심이 거주하던 집'으로 유추가 가능하다. 그런데 이 시의 화자는 첫 행에서 "집은 그녀를 키웠을까 말을 키웠을까" 질문하고 있다. 여기서 그녀가 '은유'라면, '은유'는 '말'과 구별되는 시적인 언어라고 볼 수 있다. 그러므로 그녀가 "곁에 구르던 낱말들로 말짓기를 시작"한 것은 시쓰기를 시작했다는 의미가 된다. 그러므로 "완전한 초록을 입는다며 바닥으로만 흐르던// 그녀의 앙상한 눈빛에 중독된 나는// 착한 슬픔을 폐기하느라 가끔 몸살을 앓았다"라는 구절은 시인인 화자가 차분한 은유로 시를 쓰기 위해 가슴에서 들끓던 파토스적 감정을 다스리느라 몸살을 앓았다는 의미로 해석된다. 그리하여 시인은 "참 많은 질문을 토해 놓아도 매번 몰입되던 그녀", 즉 은유로 인해 귀가 커지고 기력이 자라고 소소한 믿음까지 생겨난다. 하지만 시와 조화롭던 이러한 좋은 시절도 "그녀가 느끼지 못한 저녁"이 다가오면서 파국을 맞게 된다. 그것은 이 시에서 '골목의 어둠'으로 언급된 혼탁하고 어두운 현실 때문이다. 이러한 각박한 현실 속에서 시인의 마음은 "말들이 떠나버린 적막한 집"이 될 수밖에 없다.

2. 두 개의 얼굴, 마더 콤플렉스

인간은 태어나면서 방황이 시작된다. 아기는 엄마의 자궁에서 세상으로 나오는 순간 심한 분리불안을 느끼면서 울음을 터뜨린다. 오스트리아의 정신분석가이며 프로이트의 제자인 오토 랑크(Otto Rank)는 그의 저서 『출생의 트라우마(Das Trauma der Geburt)』에서 아기가 어머니의 자궁에서 떨어져 나가는 순간 심한 분리불안을 겪게 되는데, 이러한 심리적 외상은 보편적으로 누구에게나 일어난다고 주장한다. 특히 이러한 최초의 불안에서 시작된 여성으로서의 방황은 어머니의 자궁으로 상징되는 '모성성'과 여성 자신의 욕망과 결부된 '여성성'이라는 두 개의 얼굴을 갖고 그 사이에서 갈등하는 양상으로 나타난다. 모성이 등장하는 변예랑의 시에도 이러한 양상은 예외 없이 등장한다.

방황의 시작은 물속일까 몸속일까

〈

어항 속 물고기를 볼 때마다 엄마가 생각난다

반항과 방황을 거듭하는 날 바라보던 그녀는

걱정을 맹물처럼 들이켜고도 태연해했다

방황에도 다짐이 필요할까

어떤 방황도 다 해치울 수 있을 것 같은 때가 있었다

소용돌이치는 바람 속에서 수시로 연습한 덕분에

여름 한철 종횡무진 마음껏 허덕일 수 있었다

머리를 감싸 쥐고 흔드는 일은 가치가 있다

자책은 나를 아름답게 펄럭이게 하는 기회를 준다

기억의 벽은 수포가 터진 여백을 안고 지낸다

최적화된 방황은 무의식에 불규칙한 흉터를 그리는 것

나에게서 눈을 떼면 엄마가 보인다

한 개의 얼굴은 자궁 속에

또 하나의 얼굴은 묽은 잠 추방하려는 내 몸속에 둔다

나는 자궁 밖에서 헤엄치는 열등한 물고기

이미 끝났다고 발음해도 다시 흔들리는 동공

방황할 시간이 모자랐을 때는 아주 잠깐뿐이었다

- 「두 개의 얼굴」 전문

　이 시의 화자는 인간의 방황의 시작이 자신이 최초로 깃들어있던 어머니의 자궁 속(물속)인지 아니면 하나의 생명으로 태어난 자신의 몸속인지를 반문하고 있다. 앞에서 말한 오토 랑크의 견해를 따른다면 당연히 어머니의 자궁 속이 정답이 되겠지만, 화자의 질문은 어느 한쪽에 기울지 않고 이 두 가지를 모두 포용한다. 즉 화자의 방황은 두 개의 얼굴을 갖게 되는 것이다. 이 시의 화자는 자신을 어항 속의 물고기로 비유하면서 자신을 걱정하던 엄마를 떠올린다. 화자는 자신이 겪은 질풍노도의 시기를 "어떤 방황도 다 해치울 수 있을 것 같은 때가 있었다/ 소용돌이치는 바람 속에서 수시로 연습한 덕분에/ 여름 한철 종횡무진 마음껏 허덕일 수 있었다"라고 회상한다. 그러면서 그는 "최적화된 방황은 무의식에 불규칙한 흉터를 그리는 것"이라고 정의한다. 이러한 질풍노도의 시기를 지나온 화자는 지나친 자신에 대한 몰입에서 벗어나 엄마를 통해 자신을 보게 된다. "나에게서 눈을 떼면 엄마가 보인다/ 한 개의 얼굴은 자궁 속에/ 또 하나의 얼굴은 묽은 잠 추방하려는 내 몸속에 둔다"라는 진술에서 알 수 있듯이 화자는 엄마의 자궁으로 상징되는 모성성과 자신의 욕망을 통해 "묽은 잠 추방하려는" 여성성에 주목한다. 그리고 그는 여전히 방황으로부터 벗어날 수 없는 현재의 자신을 "자궁 밖에서 헤엄치는 열등한 물고기"라고 명명한다.

엄마, 를 쓰고 싶은 오후 바람이 꽃대를 흔든다

꽃물처럼 때마다 다르게 고여 들던 얼굴, 아빠의 성화가 들끓어도 하고픈 말 돌돌 말아 찬장에 밀어 넣고 문 항상 닫아두셨다

윗입술이 두터워서 미소가 번질 때면 눈이 더 작아 보이고 평소 음가가 낮은 말만 하므로 귀를 믿기보다는 시각의 밀도를 높여야 그녀를 들을 수 있었다

아버지가 지상에서 종적을 감춘 두 번째 봄, 엄마의 완경은 아직이었는데, 밤을 허비하며 쪽찐머리 풀어 빗질해도 머리카락은 한 올도 떨어져 나가지 않았다

감꽃이 필 무렵 집 안이 온통 덜컹거려 어지러웠는데, 이웃집

남자가 밤중에 담을 넘어 다녀갔다고도 하고, 누렁소 뒷산 향해 긴 울음 우는 이유를 알 수 없는 날이 있었다

얼마 후 엄마는 언니를 따라 밤기차를 타고 멀리 정신병원엘 다녀오고

날마다 노란 알약을 삼키고, 들쑤시는 생각을 삼키면서도 시간은 삼키지 못하였다 불면의 시간 속에 갇혀 지내다 수명의 끈 스스로 잘라 바람을 얻었다

바람, 이라 쓰고 나서 비로소 엄마를 보낸다

- 「엄마를 삼키다」 전문

이 시를 읽어보면 앞의 시에서 드러난 화자의 두 개의 얼굴로서 불안의 단초가 엄마에게 있음이 드러난다. 그래서 화자는 엄마를 자신의 시로 쓰지 않고는 견딜 수 없는 마음이 된다. 화자가 기억하는 엄마의 얼굴은 "꽃물처럼 때마다 다르게 고여 들던 얼굴", 즉 여러 개의 다른 모습을 한 얼굴이다. 이 시에 의하면 화자가 기억하는 엄마는 "아빠의 성화가 들끓어도 하고픈 말 돌돌 말아 찬장에 밀어 넣고 문 항상 닫아두"는 말수가 적은 분이고, "윗입술

이 두터워서 미소가 번질 때면 눈이 더 작아 보이고 평소 음가가 낮은 말만 하므로 귀를 믿기보다는 시각의 밀도를 높여야 그녀를 들을 수 있"는 조용한 성격을 지닌 분이다. 그러던 엄마는 아버지가 돌아가시고 나서 새로운 인생의 변곡점을 지나게 된다. "엄마의 완경은 아직이었는데, 밤을 허비하며 쪽찐머리 풀어 빗질해도 머리카락은 한 올도 떨어져 나가지 않았다"라는 구절을 통해 우리는 남편 없이 청상의 시절을 지나던 엄마의 고뇌를 짐작할 수 있다. 엄마는 결국 "이웃집 남자가 밤중에 담을 넘어 다녀갔다고" 하는 소문에 휩싸이게 되고 급기야는 정신병을 얻어 알약을 삼키고 자신이 겪어온 삶에 대한 생각을 삼키며 불면의 시간을 보내다가 끝내 수명의 끈을 스스로 자르는 선택을 하게 된다. '엄마를 삼키다'라는 이 시의 제목을 통해 우리는 화자의 삶이 일정 부분 마더 콤플렉스의 영향 아래 있었음을 짐작할 수 있게 된다.

3. 파토스적 사랑, 또는 색의 질문법

이 글의 초두에서 언급한 바와 같이 변예랑의 시는 색채 이미지로 가득 차 있다. 그런데 이런 색채 이미지는 전술한 대로 그의 마음속에 드리운 그리움이나 사랑과 밀접한 상관관계를 가진다. 이 시집의 제목이 『빨강을 입다』인 것만 보아도 시인에게 있어서 색이 차지하는 비중을 짐작할 수 있다. 색을 단순한 시각적 요소로 한정 짓지 않고 인간의 행동과 감정에 깊은 영향을 미치는 것으로 간주하는 색채 심리학적 성향은 시인의 시 곳곳에서 발견된다. 색채 심리학에 의하면 인간은 무의식적으로 색깔을 통해 특정한 감정을 느끼고 반응한다고 한다. 시인의 시에서 가장 대표적인 색채 이미지를 드러내는 시적 대상은 '사과'이다. 특히 그의 시에서 '사과'는 사랑에 대한 대표적인 은유로 그 비중이 적지 않다. 이러한 정황이 잘 드러나 있는 다음의 시를 읽어보자.

  중력계의 눈금이 사과와 어둠 중 어느 쪽으로 기울까요

  사과를 삼킨 어둠은 얼마만큼 달콤할까요

  어쩌다 어둠에 겹겹 싸여 본 적 있으세요
  그곳에선 들숨은 크게 날숨은 길게 쉬어야 해요

  나란히 누워서 어둠별구름을 세는 일은 아주 특별하죠

  어둠 속이 빛 속보다 따듯하다고 느낄 때가 있어요

〈
음악이 없어도 무한으로 연주하는 침묵의 리듬이 있죠
사과는 어둠을 뚫고 밝은 세상으로 나올 수 있을까요

하루에 절반은 빛에 내어주고
하루에 절반은 가슴으로 품어주며
몽글몽글한 꿈꾸는 어둠에 가볍게 안기는 사과

별빛을 등지고 더 반짝이는 별똥별처럼
스스로 아름다울 수 없어도
어둠이 품어주는 뒷배로 환하게 붉어지는 사과

사과와 어둠의 무게를 공중에서 달아볼까요
    - 「사과가 어둠에 빠지면」 전문

 이 시의 중심 이미지는 '사과'와 '어둠'이다. 변예랑의 시에서 '사과'는 '사랑' 또는 '사랑의 감정을 지닌 인간'의 은유로 쓰이는 경우가 대부분이다. 이 시가 그 대표적인 예인데, 이 시에서 사랑으로 은유 된 '사과'는 '어둠'과 대비적인 이미지로 사용되면서 동시에 "사과를 삼킨 어둠"이라는 말이 암시해주듯이 상보적 관계를 나타내기도 한다. 이 시는 사과의 붉은 색과 어둠이 중심이 되어 있다는 점에서, 20세기 현대미술을 대표하는 화가 중 추상표현주의의 선구자로 추앙받는 러시아계 미국 화가인 마크 로스코(Mark Rothko)의 예술세계와 닮아있다. 주로 붉은 색 바탕에 어두운색이 가미된 그림을 통해 인간의 어두운 내면과 감정을 표현하려 했던 그를 기리기 위해 존 로건이 만든 연극 '레드(Red)'에서 주인공 로스코가 말한 "삶에서 두려운 것이 하나 있다면 언젠가 블랙이 레드를 삼켜버릴 것이라는 거야"라는 대사는 인용시의 이면적 주제처럼 읽힌다. "사과를 삼킨 어둠은 얼마만큼 달콤할까요"라는 진술에서 보듯, 사랑은 필연적으로 어둠에 빠질 수밖에 없다는 숙명론적 의식이 시인의 내면에 자리하고 있다. 시인에게 있어서 사과가 어둠에 빠지는 행위는 사랑하는 사람이 "나란히 누워서 어둠별구름을 세는 일"처럼 특별한 것이다.

시작부터 함뿍 젖는다

뒤섞인 시간에 예정이 없다가도
내용이 생기면 펼쳐야 하지

초록은 드물고 빨강은 유행이 지났고

분홍이 흔하지만 노랑은 슬픔을 부르니

증정받은 까망을 나눠 쓸까

진화를 거듭한 지붕이 돔처럼 든든해서

심장과 심장을 붙이고 입술을 접었다 펼쳤다 하며

조르륵 조르륵 흐르는 소리 받으며 걷는다

바람과의 싸움에서는 언제나 약자가 된다

수직을 받아내던 한 그루가 휘청,

뒤집히고 찢어져 살들이 발라지고 버둥거리다

독백만이 존재하는 뒤안길로 에워진다

서사를 지워내고 감정을 이입한 공간에

우산이 마타리꽃으로 핀다

단단하게 노랗게 형용사 다음에 동사로

잴 수 없는 사랑이 핀다

-「형용사 다음에 동사」 전문

  이 시는 비 오는 날 연인이 함께 우산을 받고 걸어가는 서사가 근간을 이루고 있다. 그런데 이 시의 첫 구절 "시작부터 함북 젖는다"라는 표현은 연인이 작은 우산을 함께 씀으로 해서 데이트 시작부터 함뿍 젖는다는 의미 이면에, 사랑에 함뿍 젖는다는 의미를 숨기고 있다. 따라서 "뒤섞인 시간에 예정이 없다가도/ 내용이 생기면 펼쳐야 하지"라는 진술도 역시 우산뿐 아니라 두 사람이 연애의 내용이 생기면 사랑을 펼쳐야 한다는 의미가 함의되어 있다. "초록은 드물고 빨강은 유행이 지났고/ 분홍이 흔하지만 노랑은 슬픔을 부르니/ 증정받은 까망을 나눠 쓸까"라는 3연의 진술 역시 화자의 내면에 드리운 사랑의 파토스를 다양한 색채로 표현한 것으로 읽힌다. 이런 흐름에서 보면 "바람과의 싸움에서는 언제나 약자가 된다"로 시작되는 5연은 연인이 사랑 다툼을 하다가 갈등을 겪게 되는 상황을 그린 것이다. 이 시의 제목인 '형용사 다음에 동사'는 형용사로 상징되는 파토스적 색채를 선택하는 과정을 거친 후 사랑이 행동으로 옮겨진다는 의미를 담고 있다. 이렇듯 변예랑의 시에서 사랑의 파토스는 다양한 색채 이미지로 나타난다.

점이 가진 무수한 질문을 상상해 봐

아기가 처음 찍은 점은
엄마의 가슴일까, 엄마의 눈동자일까

〈

투명한 것들은 눈에서 빛나지

마음에 들인 점은 마카롱처럼 달콤하지

점에서 번지는 색은 분홍, 노랑, 하늘색 그리고 당신

당신이 점으로 매달려 있는

허공 속 저 나무는 눈물에서 시작되었을 거야

나의 불안들은 어디에서 흐려졌을까

눈으로, 손으로, 발로 흘려보냈던 결핍의 흔적들

그 질문 밖에서 당신은 지워지고 있을까

어느 날 불현듯 내게 들어와 박히는 고백도 있지

속성으로 자라 아귀처럼 내 심정을 아작아작 씹기도 하지

우리는 점에서 다른 점을 향해 달려가기 위해

서로의 질문을 비밀이라 부르기도 했지

 - 「점에서 점으로 달리기」 전문

점이라는 기호로 세상을 바라본다면 세상에 존재하는 모든 것

들을 점으로 볼 수 있다. 우리가 사는 지구도 먼 우주에서 보면 점이다. 하지만 작은 점으로 보이는 지구 안에는 무수한 이야기가 꿈틀거리고 있다. 이렇듯 점은 각자 자기만의 질문을 내장하고 있다. 엄마의 자궁 속에서 자라는 태아도 처음에는 점이었다가 뚜렷한 윤곽을 갖추어 하나의 생명체로 태어난다. 그 아기는 태어나서 처음으로 세상을 바라보고 자신도 모르게 세상에 감정의 점을 찍게 된다. 이것은 작은 생명체로서의 인간이 최초로 세상을 향하여 던지는 파토스적 질문이다. 그 질문이 향하는 곳이 엄마의 가슴이든 눈동자이든 아기의 투명한 질문은 맑은 눈에서 빛이 난다. 이러한 아가의 질문은 점점 자라 분홍, 노랑, 하늘색 등으로 변주하다가 끝내 사랑하는 대상인 '당신'에게로 향한다. 그런데 사랑하는 사람을 향한 파토스적 감정은 필연적으로 불안을 동반한다. 그것은 사랑에는 늘 결핍이 있어서 온전한 사랑에 이르기 어렵기 때문이다. 한때 아름답고 열정적이던 사랑도 불안과 함께 흐려져서 사랑하는 대상을 향한 질문도 흐려지기도 한다. 그러다 불현듯 자신에게 날아와 박히는 고백으로 인해 자신의 마음을 아작아작 씹히기도 한다.

　이 글의 단초가 된 헤테로토피아라는 개념을 생각해보면 니체가 그의 저서 『차라투스트라는 이렇게 말했다』에서 말한 "춤추는 별을 낳으려면 자신의 내면에 혼돈을 지니고 있어야 한다"라는 말이 떠오른다. 니체식으로 말하면 '춤추는 별'은 일종의 '헤테로토피아'라고도 말할 수 있는데, 변예랑 시인이 자신의 헤테로토피아에 이르기 위해 자기 내면의 '혼돈'을 주목하고 그곳에서 자신의 파토스적 질문법을 추동해서 저만의 시세계를 창출해내는 모습은 충분히 주목해볼 만하다. 시인에 의하면 그의 시 쓰기는 "최적화된 방황"이며 "무의식에 불규칙한 흉터를 그리는 것"(「두 개의 얼굴」)이다. 그가 그의 시를 통해 불규칙한 흉터를 그려나가는 과정을 통해 다양한 스펙트럼을 지닌 '춤추는 별'을 만날 수 있게 되기를 희망한다.